EL VIAJE AL PASADO
Die Reise in die Vergangenheit

Eine Geschichte auf Spanisch
für Anfänger mit Grundkenntnissen
mit deutscher Übersetzung und Vokabelliste

von Valerie Springer

Impressum

Titel:

EL VIAJE AL PASADO

Die Reise in die Vergangenheit

aus der Reihe „Geschichten auf Spanisch: Lernen leicht gemacht"

Autorin:

Valerie Springer

Illustrationen:

Lenora Sternbach

Copyright:

© 2025 Valerie Springer. Alle Rechte vorbehalten.

Hinweis:

Dieses Buch, einschließlich seiner Texte und Illustrationen, ist urheberrechtlich geschützt. Jede Vervielfältigung, Verbreitung oder öffentliche Wiedergabe – auch auszugsweise – ist ohne die ausdrückliche schriftliche Genehmigung der Autorin untersagt.

Haftungsausschluss:

Die Inhalte dieses Buches wurden mit größter Sorgfalt erstellt. Für die Richtigkeit, Vollständigkeit und Aktualität der Inhalte übernimmt die Autorin jedoch keine Haftung.

ISBN: 978-3-7693-3858-4

Verlag: BoD · Books on Demand GmbH, In de Tarpen 42, 22848 Norderstedt, bod@bod.de

Druck: Libri Plureos GmbH, Friedensallee 273, 22763 Hamburg

EL VIAJE AL PASADO

Die Reise in die Vergangenheit

Eine Geschichte auf Spanisch
für Anfänger mit Grundkenntnissen
mit deutscher Übersetzung und Vokabelliste

Valerie Springer

¡Bienvenido!

Willkommen!

Lernen hält das Gehirn fit – und was könnte schöner sein, als dabei in eine spannende Geschichte einzutauchen?

Das Ziel dieses Buches ist einfach: Spanisch lernen soll Spaß machen! Lernen soll leicht, angenehm und unterhaltsam sein. Keine trockenen Grammatikübungen, keine endlosen Vokabellisten, sondern eine Story, die dich unterhält und ganz nebenbei dein Sprachgefühl verbessert.

Du musst keine Vokabeln pauken!

Je mehr du dich auf die Handlung einlässt und mitfühlst, desto leichter merkst du dir die Vokabeln. Denn **emotionales Lesen** aktiviert spezielle Bereiche in deinem Gehirn – das macht es spielerisch leicht, neue Wörter und Phrasen kennenzulernen und zu behalten.

Das ist das Besondere an Geschichten: Mit jedem Kapitel tauchst du tiefer in die spanische Sprache ein, und das ganz ohne Druck. Die Wörter und Phrasen prägen sich in dein Unterbewusstsein ein, einfach weil du sie im Kontext erlebst und durch die Emotionen der Geschichte verstärkst.

So macht Lernen nicht nur Spaß, sondern wird auch besonders effektiv!

Das erwartet dich:

- **Kurze Kapitel:** Die Geschichte ist so geschrieben, dass du sie Schritt für Schritt genießen kannst, ohne überfordert zu sein.
- **Einfache Sprache:** Der Text verwendet klar verständliches Spanisch, das speziell für Anfänger mit Vorkenntnissen angepasst wurde.
- **Deutsche Übersetzungen:** Jedes Kapitel enthält eine deutsche Übersetzung, falls du dich einmal mit dem Sinn eines Satzes schwertust.

So benutzt du dieses Buch:

1. Lies jedes Kapitel in Ruhe. Lass dich von der Geschichte mitreißen.
2. Lies die deutsche Übersetzung, wenn du unsicher bist, ob du den Text richtig verstanden hast.
3. Schau dir die Vokabellisten an, falls du ein Wort nicht verstehst.
4. Lies das Kapitel ein zweites Mal, und diesmal wirst du schon viel mehr verstehen!
5. Genieße das Gefühl, wie dein Spanisch mit jedem Kapitel besser wird.

¡Buena suerte y disfruta la lectura!
Viel Glück und genieße das Lesen!

Capítulo 1: El sobre extraño

Carlos, un arquitecto que vive en Madrid, lleva una vida tranquila y ordenada. Sus días se llenan de trabajo en su oficina, diseñando edificios y asistiendo a reuniones. Aunque tiene éxito en su carrera, siente un vacío que no sabe explicar. Una tarde, al volver a casa después de un largo día, encuentra algo inusual en su buzón: un sobre antiguo, amarillento, sin remitente ni nombre.

Curioso, Carlos abre el sobre. Dentro encuentra una hoja gruesa, como de cartón, con un mapa dibujado a mano. El mapa muestra la ciudad de Toledo, una ciudad que Carlos no visita desde niño. En el centro del mapa hay una nota escrita con tinta negra: *"Busca en la estación de tren. Todo empieza allí."*

Carlos frunce el ceño mientras observa el mapa y la nota. La caligrafía le parece familiar, pero no logra recordar de quién es. Su primer pensamiento es que se trata de una broma, pero algo en el estilo de la nota le hace dudar. Toledo tiene un significado especial para él: su abuelo Manuel vivió allí durante muchos años antes de mudarse a Madrid. Sin embargo, Carlos no sabe mucho más sobre esa etapa de la vida de su abuelo.

Esa noche, mientras cena solo en su pequeño apartamento, no puede dejar de pensar en el sobre. ¿Quién lo ha enviado? ¿Por qué Toledo? Las preguntas rondan su mente, y la idea de ignorarlo le resulta imposible. Después de horas de insomnio, decide que necesita respuestas. Al día siguiente compra un billete de tren a Toledo.

El sábado por la mañana, Carlos se encuentra en la estación de Atocha, con el mapa doblado cuidadosamente en el bolsillo de su chaqueta. Mientras espera el tren, mira a su alrededor, como si esperara ver una cara conocida. Cuando el tren llega, sube con una mezcla de nerviosismo y curiosidad. No tiene idea de lo que encontrará en Toledo, pero siente que esta aventura podría ser importante, no solo para entender el sobre misterioso, sino también para llenar ese vacío que lleva dentro.

Durante el trayecto, Carlos observa los paisajes que pasan por la ventana: campos abiertos, colinas suaves y pueblos pequeños. Recuerda las historias que su abuelo le contaba cuando era niño, historias sobre su juventud en Toledo, sobre las calles estrechas y los edificios antiguos. Una sensación de nostalgia lo invade, junto con una emoción que no sentía desde hace años.

Cuando el tren se detiene en la estación de Toledo, Carlos se pone de pie, toma su maletín y baja al andén. Mira a su alrededor, esperando algún tipo de señal, algo que le indique qué hacer o adónde ir. Sabe que está al comienzo de algo importante, aunque todavía no comprende exactamente qué.

Kapitel 1: Der seltsame Umschlag

Carlos, ein Architekt aus Madrid, führt ein ruhiges und geordnetes Leben. Seine Tage sind mit Arbeit in seinem Büro ausgefüllt, wo er Gebäude entwirft und an Besprechungen teilnimmt. Obwohl er beruflich erfolgreich ist, spürt er eine Leere, die er sich nicht erklären kann. Eines Nachmittags, als er nach einem langen Tag nach Hause kommt, findet er etwas Ungewöhnliches in seinem Briefkasten: einen alten, vergilbten Umschlag ohne Absender oder Namen.

Neugierig öffnet Carlos den Umschlag. Darin findet er ein dickes Blatt, fast wie aus Karton, auf dem eine handgezeichnete Karte abgebildet ist. Die Karte zeigt die Stadt Toledo, eine Stadt, die Carlos seit seiner Kindheit nicht mehr besucht hat. In der Mitte der Karte steht eine mit schwarzer Tinte geschriebene Notiz: *"Suche am Bahnhof. Dort beginnt alles."*

Carlos runzelt die Stirn, während er die Karte und die Notiz betrachtet. Die Handschrift kommt ihm bekannt vor, aber er kann sich nicht erinnern, wem sie gehören könnte. Sein erster Gedanke ist, dass es sich um einen Scherz handelt, doch etwas an der Art der Notiz lässt ihn zweifeln. Toledo hat eine besondere Bedeutung für ihn: Sein Großvater Manuel lebte viele Jahre dort, bevor er nach Madrid zog. Doch Carlos weiß nicht viel mehr über diese Zeit im Leben seines Großvaters.

An diesem Abend, während er allein in seiner kleinen Wohnung zu Abend isst, kann er den Umschlag nicht aus dem Kopf bekommen. Wer hat ihn geschickt? Warum Toledo? Die Fragen kreisen in seinem Kopf, und die Idee, das Ganze zu ignorieren, erscheint ihm unmöglich. Nach einer schlaflosen Nacht beschließt er, dass er Antworten braucht. Am nächsten Tag kauft er ein Zugticket nach Toledo.

Am Samstagmorgen befindet sich Carlos am Bahnhof Atocha, die Karte sorgfältig in die Tasche seiner Jacke gefaltet. Während er auf den Zug wartet, schaut er sich um, als ob er ein bekanntes Gesicht erwarten würde. Als der Zug ankommt, steigt er mit einer Mischung aus Nervosität und Neugier ein. Er hat keine Ahnung, was er in Toledo finden wird, aber er hat das Gefühl, dass dieses Abenteuer wichtig sein könnte – nicht nur, um das Geheimnis des Umschlags zu lösen, sondern auch, um die Leere in seinem Inneren zu füllen.

Während der Fahrt beobachtet Carlos die vorbeiziehende Landschaft: offene Felder, sanfte Hügel und kleine Dörfer. Er erinnert sich an die Geschichten, die sein Großvater ihm als Kind erzählte – Geschichten über seine Jugend in Toledo, über die engen Gassen und die alten Gebäude. Eine Welle von Nostalgie überkommt ihn, zusammen mit einer Aufregung, die er seit Jahren nicht mehr gespürt hat.

Als der Zug am Bahnhof von Toledo anhält, steht Carlos auf, nimmt seinen Aktenkoffer und steigt auf den Bahnsteig. Er schaut sich um, in der Erwartung, irgendein Zeichen zu sehen, etwas, das ihm sagt, was er tun oder wohin er gehen soll. Er weiß, dass er am Anfang von etwas Wichtigem steht, obwohl er noch nicht genau versteht, was.

Vokabelliste

la vida tranquila	das ruhige Leben
el sobre	der Umschlag
antiguo	alt, antik
el mapa	die Karte
la nota	die Notiz
la estación de tren	der Bahnhof
el vacío	die Leere
el buzón	der Briefkasten
curioso	neugierig
doblado/a	gefaltet
el bolsillo	die Tasche (z. B. einer Jacke)
el paisaje	die Landschaft
la nostalgia	die Nostalgie
las calles estrechas	die engen Gassen
el edificio antiguo	das alte Gebäude
la aventura	das Abenteuer

Capítulo 2: El viaje a Toledo

Carlos llega temprano a la estación de Atocha. El aire frío de la mañana le despierta, aunque apenas ha dormido. Con el mapa cuidadosamente doblado en el bolsillo de su chaqueta, se sienta en un banco mientras espera el tren. Observa a la gente que pasa: turistas con cámaras, familias con maletas y trabajadores con prisa. Todo parece normal, excepto él. Siente que está comenzando algo importante, aunque no sabe exactamente qué.

Cuando llega el tren, Carlos sube y encuentra un asiento junto a la ventana. Mientras el tren empieza a moverse, Carlos mira el paisaje de Madrid desaparecer lentamente, reemplazado por campos verdes y montañas a lo lejos. La tranquilidad del viaje le da tiempo para pensar. ¿Por qué alguien le enviaría ese sobre? ¿Quién conoce la conexión de su abuelo con Toledo? Y, más importante, ¿qué encontrará al llegar?

Carlos recuerda las pocas historias que su abuelo Manuel le contaba cuando era niño. „Toledo es una ciudad mágica", decía Manuel con una sonrisa. „Allí aprendí todo lo importante en mi vida." Sin embargo, su abuelo nunca habló en detalle de su juventud ni de por qué dejó Toledo. Ahora, Carlos siente que este viaje podría revelarle algo más sobre la vida de Manuel, algo que nadie en la familia conoce.

El tren se detiene en varias pequeñas estaciones antes de llegar a Toledo. Al escuchar el anuncio de llegada, Carlos siente una mezcla de emoción y nervios. Recoge su maletín, respira profundamente y baja al andén. La estación es pequeña, pero llena de historia, con techos altos y columnas antiguas que parecen haber estado allí durante siglos.

Carlos toma un momento para mirar a su alrededor, buscando algo que le dé una pista. Saca el mapa del bolsillo y lo observa con atención. En una esquina, junto al dibujo de la estación, hay un pequeño símbolo: una estrella. Sin entender su significado, decide explorar. Sale de la estación y comienza a caminar hacia el casco antiguo de la ciudad.

Mientras camina por las calles empedradas de Toledo, Carlos no puede evitar sentirse impresionado. La ciudad tiene un encanto único: casas con balcones de hierro forjado, plazas llenas de vida y pequeñas tiendas con artesanías. A pesar de su belleza, Carlos no puede ignorar el peso de la misión que lo ha traído aquí. Necesita encontrar algo en esta ciudad, algo que conecta su pasado con su presente.

Al llegar a una plaza cerca de la estación, Carlos ve un pequeño quiosco. Se acerca y pregunta al vendedor: „Disculpe, ¿hay algo especial en la estación de tren?", pregunta Carlos con curiosidad. El hombre lo mira con interés y responde: „Bueno, dicen que hay un viejo casillero que nadie ha usado en años. Está en la sala principal, junto a los bancos antiguos."

Carlos siente un escalofrío al escuchar esto. Agradece al vendedor y regresa a la estación. En la sala principal, encuentra los casilleros. Algunos están cerrados, otros abiertos y vacíos. Busca uno que tenga algo especial. Finalmente, ve un casillero con una pequeña estrella grabada en la puerta. Con manos temblorosas, lo abre.

Dentro, encuentra un sobre parecido al que recibió en Madrid. Lo abre rápidamente y saca una nota escrita con la misma tinta negra: „Pregunta por el Café Azul. Recuerda: 1953."

Carlos mira la nota y respira profundamente. El misterio solo acaba de comenzar.

Kapitel 2: Die Reise nach Toledo

Carlos kommt früh am Morgen am Bahnhof Atocha an. Die kalte Morgenluft weckt ihn, obwohl er kaum geschlafen hat. Mit der Karte, sorgfältig gefaltet in der Tasche seiner Jacke, setzt er sich auf eine Bank, während er auf den Zug wartet. Er beobachtet die vorbeigehenden Menschen: Touristen mit Kameras, Familien mit Koffern und eilige Berufspendler. Alles scheint normal – außer ihm. Er hat das Gefühl, dass etwas Wichtiges beginnt, auch wenn er noch nicht weiß, was.

Als der Zug ankommt, steigt Carlos ein und findet einen Sitzplatz am Fenster. Während der Zug anfährt, sieht Carlos, wie die Stadt Madrid langsam verschwindet und durch grüne Felder und ferne Berge ersetzt wird. Die Ruhe der Reise gibt ihm Zeit zum Nachdenken. Warum sollte ihm jemand diesen Umschlag schicken? Wer kennt die Verbindung seines Großvaters zu Toledo? Und vor allem: Was wird er dort finden?

Carlos erinnert sich an die wenigen Geschichten, die sein Großvater Manuel ihm als Kind erzählte. „Toledo ist eine magische Stadt", sagte Manuel immer mit einem Lächeln. „Dort habe ich alles Wichtige im Leben gelernt." Doch sein Großvater sprach nie im Detail über seine Jugend oder warum er Toledo verlassen hatte. Jetzt hat Carlos das Gefühl, dass diese Reise ihm mehr über Manuels Leben verraten könnte, etwas, das niemand in der Familie weiß.

Der Zug hält an mehreren kleinen Stationen, bevor er Toledo erreicht. Als der Halt angesagt wird, fühlt Carlos eine Mischung aus Aufregung und Nervosität. Er nimmt seinen Aktenkoffer, atmet tief durch und steigt auf den Bahnsteig. Der Bahnhof ist klein, aber voller Geschichte, mit hohen Decken und alten Säulen, die aussehen, als wären sie schon seit Jahrhunderten dort.

Carlos nimmt sich einen Moment Zeit, um sich umzusehen, auf der Suche nach etwas, das ihm einen Hinweis geben könnte. Er holt die Karte aus der Tasche und betrachtet sie genau. In einer Ecke, neben der Zeichnung des Bahnhofs, ist ein kleines Symbol: ein Stern. Ohne seine Bedeutung zu verstehen, beschließt er, sich umzusehen. Er verlässt den Bahnhof und beginnt, in Richtung der Altstadt zu gehen.

Während er durch die gepflasterten Straßen von Toledo geht, kann Carlos nicht anders, als beeindruckt zu sein. Die Stadt hat einen einzigartigen Charme: Häuser mit schmiedeeisernen Balkonen, lebhafte Plätze und kleine Geschäfte mit Kunsthandwerk. Trotz ihrer Schönheit kann Carlos nicht die Schwere der Mission ignorieren, die ihn hierher gebracht hat. Er muss etwas in dieser Stadt finden, etwas, das seine Vergangenheit mit seiner Gegenwart verbindet.

Als er auf einen Platz in der Nähe des Bahnhofs kommt, sieht Carlos einen kleinen Kiosk. Er geht darauf zu und fragt den Verkäufer: „Entschuldigen Sie, gibt es etwas Besonderes am Bahnhof?", fragt Carlos neugierig. Der Mann sieht ihn interessiert an und antwortet: „Nun, man sagt, es gibt ein altes Schließfach, das seit Jahren niemand benutzt hat. Es ist in der Haupthalle, neben den alten Bänken."

Carlos spürt einen Schauer, als er das hört. Er bedankt sich beim Verkäufer und kehrt zum Bahnhof zurück. In der Haupthalle findet er die Schließfächer. Einige sind verschlossen, andere offen und leer. Er sucht nach einem, das irgendwie besonders aussieht. Schließlich entdeckt er ein Schließfach mit einem kleinen Stern, der in die Tür graviert ist. Mit zitternden Händen öffnet er es.

Drinnen findet er einen Umschlag, ähnlich dem, den er in Madrid erhalten hat. Schnell öffnet er ihn und zieht eine Notiz heraus, die mit derselben schwarzen Tinte geschrieben ist: „Frage nach dem Café Azul. Denk an: 1953."

Carlos betrachtet die Notiz und atmet tief ein. Das Geheimnis hat gerade erst begonnen.

Vokabelliste

temprano	früh
el aire frío	die kalte Luft
el bolsillo	(Jacken-)Tasche
el paisaje	die Landschaft
el campo	das Feld
mágico/a	magisch
el andén	der Bahnsteig
el casco antiguo	die Altstadt
empedrado/a	gepflastert
el encanto	der Charme
el artesano	der Kunsthandwerker
la pista	der Hinweis
el quiosco	der Kiosk
el casillero	das Schließfach
grabado/a	eingraviert

Capítulo 3: El Café Azul

Carlos sale del andén de la estación con la nota en la mano. „Pregunta por el Café Azul. Recuerda: 1953." Estas palabras le rondan la cabeza mientras camina por las calles de Toledo. Se pregunta qué conexión puede tener ese año con su abuelo Manuel. ¿Por qué es importante? ¿Qué significa el Café Azul?

Sigue las señales hacia el centro de la ciudad, cruzando calles empedradas y pequeñas plazas llenas de vida. Toledo está lleno de turistas, pero Carlos apenas los nota. Está concentrado en su búsqueda. Saca el teléfono para buscar información sobre el Café Azul, pero no encuentra nada claro. Parece que es un lugar conocido solo por los locales.

Decide preguntar a una mujer mayor que vende artesanías en un puesto cercano. „Perdón, señora, ¿conoce un lugar llamado Café Azul?", pregunta Carlos, tratando de sonar tranquilo.

La mujer lo mira con curiosidad y dice: „Claro que sí, joven. El Café Azul está en una callecita cerca de la Plaza Mayor. Es un sitio antiguo, pero muy bonito. Pregunte por allí."

Carlos agradece a la mujer y se dirige hacia la plaza, siguiendo sus indicaciones.

Cuando llega a la Plaza Mayor, observa el bullicio a su alrededor: niños jugando, turistas sacando fotos y personas sentadas en terrazas tomando café. Busca las pequeñas calles que rodean la plaza y finalmente encuentra un letrero desgastado que dice „Café Azul". Es un edificio discreto, con una puerta de madera azul y ventanas pequeñas. Parece un lugar detenido en el tiempo.

Carlos entra con cautela. El interior es cálido, con paredes decoradas con fotografías en blanco y negro. El olor a café recién hecho llena el aire. Detrás del mostrador, una mujer mayor lo saluda con una sonrisa. „Bienvenido al Café Azul. ¿Qué desea?", pregunta ella amablemente.
Carlos respira hondo y muestra la nota que encontró. „Estoy buscando información sobre este lugar y algo relacionado con el año 1953. ¿Podría ayudarme?"

La mujer lo observa con sorpresa, como si no esperara esa pregunta. Después de un momento, dice: „1953 … Ese año es especial para este café. Era un punto de encuentro para muchos jóvenes de la ciudad, especialmente para un grupo que solía sentarse en la mesa del fondo. Uno se llamaba Manuel, tan elegante y simpático. Venía aquí a menudo."

Carlos siente un escalofrío al escuchar el nombre de su abuelo. „¿Cómo sabe eso?", pregunta, incrédulo. La mujer sonríe y dice: „Lo recuerdo bien. Yo era una niña pequeña, y mi madre trabajaba aquí como camarera en ese entonces. Este señor Manuel siempre traía una libreta donde escribía cosas. Tenía muchos secretos, pero siempre hablaba de alguien especial …"

„¿Alguien especial? ¿Quién era?", pregunta Carlos, intrigado.

La mujer niega con la cabeza y dice: „Eso solo lo sabe usted si sigue buscando. Espere un momento."

La mujer desaparece detrás del mostrador y regresa con una pequeña caja de madera. La coloca sobre la mesa frente a Carlos y dice: „Esto lo dejó Manuel aquí hace muchos años. Pidió que se lo entregara a quien viniera a preguntar por él."

Carlos abre la caja con cuidado. Dentro encuentra una pequeña llave y otra nota:„La respuesta está en el jardín. Sigue buscando."

Carlos observa la llave, preguntándose qué puerta abrirá. Ahora tiene más preguntas que respuestas, pero sabe que no puede detenerse. Su abuelo lo está guiando hacia algo importante, y debe descubrirlo.

Kapitel 3: Das Café Azul

Carlos verlässt den Bahnsteig des Bahnhofs mit der Notiz in der Hand. „Frage nach dem Café Azul. Denk an: 1953." Diese Worte gehen ihm nicht aus dem Kopf, während er durch die Straßen von Toledo geht. Er fragt sich, welche Verbindung dieses Jahr zu seinem Großvater Manuel haben könnte. Warum ist es wichtig? Was bedeutet das Café Azul?

Er folgt den Schildern in Richtung der Altstadt, überquert gepflasterte Straßen und kleine, lebendige Plätze. Toledo ist voller Touristen, aber Carlos bemerkt sie kaum. Er ist ganz auf seine Suche konzentriert. Er holt sein Handy hervor, um Informationen über das Café Azul zu suchen, findet aber nichts Genaues. Es scheint ein Ort zu sein, der nur den Einheimischen bekannt ist.

Er beschließt, eine ältere Frau zu fragen, die in einem nahegelegenen Stand Kunsthandwerk verkauft. „Entschuldigen Sie, kennen Sie einen Ort namens Café Azul?", fragt Carlos und versucht, ruhig zu klingen. Die Frau sieht ihn neugierig an und sagt: „Natürlich, junger Mann. Das Café Azul liegt in einer kleinen Straße in der Nähe der Plaza Mayor. Es ist ein alter, aber sehr schöner Ort. Fragen Sie dort nach."

Carlos bedankt sich bei der Frau und geht in Richtung der Plaza, ihren Anweisungen folgend.

Als er die Plaza Mayor erreicht, beobachtet er das geschäftige Treiben um sich herum: Kinder, die spielen, Touristen, die Fotos machen, und Leute, die auf Terrassen Kaffee trinken. Er sucht die kleinen Straßen, die den Platz umgeben, und schließlich findet er ein abgenutztes Schild, auf dem „Café Azul" steht. Es ist ein unscheinbares Gebäude mit einer blauen Holztür und kleinen Fenstern. Es wirkt wie ein Ort, der in der Zeit stehen geblieben ist.

Carlos tritt vorsichtig ein. Das Innere ist warm, mit Wänden, die mit schwarz-weißen Fotografien geschmückt sind. Der Duft von frisch gebrühtem Kaffee erfüllt die Luft. Hinter der Theke begrüßt ihn eine ältere Frau mit einem Lächeln. „Willkommen im Café Azul. Was wünschen Sie?", fragt sie freundlich.

Carlos atmet tief durch und zeigt die Notiz, die er gefunden hat. „Ich suche Informationen über diesen Ort und etwas, das mit dem Jahr 1953 zusammenhängt. Können Sie mir helfen?"

Die Frau sieht ihn überrascht an, als hätte sie diese Frage nicht erwartet. Nach einem Moment sagt sie: „1953 ... Dieses Jahr ist besonders für dieses Café. Es war ein Treffpunkt für viele junge Leute der Stadt, besonders für eine Gruppe, die immer am hinteren Tisch saß. Einer hieß Manuel, sehr elegant und sympathisch. Er war oft hier."

Carlos spürt einen Schauer, als er den Namen seines Großvaters hört. „Woher wissen Sie das?", fragt er ungläubig. Die Frau lächelt und sagt: „Ich erinnere mich gut. Ich war ein kleines Kind, und meine Mutter hat damals hier als Kellnerin gearbeitet. Manuel brachte immer ein Notizbuch mit, in das er schrieb. Er hatte viele Geheimnisse, sprach aber immer von jemand Besonderem."

„Jemand Besonderes? Wer war das?", fragt Carlos neugierig.

Die Frau schüttelt den Kopf und sagt: „Das müssen Sie selbst herausfinden, wenn Sie weitersuchen. Warten Sie einen Moment."

Die Frau verschwindet hinter der Theke und kehrt mit einer kleinen Holzkiste zurück. Sie stellt sie vor Carlos auf den Tisch und sagt: „Das hat Manuel hier vor vielen Jahren hinterlassen. Er bat, es demjenigen zu geben, der nach ihm fragt."

Carlos öffnet die Kiste vorsichtig. Darin findet er einen kleinen Schlüssel und eine weitere Notiz: „Die Antwort liegt im Garten. Suche weiter."

Carlos betrachtet den Schlüssel und fragt sich, welche Tür er öffnen könnte. Jetzt hat er mehr Fragen als Antworten, aber er weiß, dass er nicht aufhören kann. Sein Großvater führt ihn zu etwas Wichtigem, und er muss es herausfinden.

Vokabelliste

el sobre	der Umschlag
el jardín	der Garten
la llave	der Schlüssel
la calle	die Straße
la esquina	die Ecke
preguntar	fragen
la respuesta	die Antwort
buscar	suchen
la caja	die Kiste
antiguo/a	alt, antik
el bullicio	das geschäftige Treiben
el letrero	das Schild
desgastado/a	abgenutzt
la camarera	die Kellnerin
alguien especial	jemand Besonderes
seguir	weitermachen, folgen

Capítulo 4: El jardín secreto

Con la llave en la mano y la nueva nota, Carlos sale del Café Azul. Afuera, el sol ilumina las calles empedradas de Toledo, pero en su mente solo hay preguntas. „La respuesta está en el jardín." ¿Qué jardín? ¿Dónde está? Piensa en los lugares que conoce y en las historias de su abuelo, pero nada le da una pista clara.

Decide regresar al puesto de la mujer mayor que le había indicado el camino al Café Azul. Al llegar, la saluda: „Hola de nuevo. Disculpe, pero necesito hacerle otra pregunta. ¿Sabe de algún jardín importante aquí en Toledo?", dice Carlos con un tono preocupado.

La mujer lo mira y responde: „¿Un jardín? Hmm … Hay muchos jardines en Toledo, pero quizás hablas del Jardín de los Olivos. Está cerca de una antigua casa señorial. Es un lugar muy tranquilo y poco visitado."

„Muchas gracias, eso me ayuda mucho", contesta Carlos, determinado a seguir esta nueva pista.

Se dirige hacia el Jardín de los Olivos, que se encuentra a las afueras del casco antiguo. Mientras camina, los pensamientos sobre su abuelo no dejan de invadir su mente. ¿Por qué dejó estas pistas? ¿Qué quería que él encontrara? Y, sobre todo, ¿por qué ahora?

Al llegar al jardín, Carlos se sorprende por la belleza del lugar. Es pequeño, rodeado de muros de piedra, con árboles viejos y bancos de hierro. Apenas hay visitantes, y el silencio es casi absoluto, solo interrumpido por el canto de los pájaros. Carlos observa el lugar con atención, buscando algo que pueda ser importante.

En una esquina del jardín, ve una fuente antigua cubierta de musgo. Se acerca y nota que en la base de la fuente hay una inscripción desgastada: „Para Manuel y su eterna búsqueda.“

El corazón de Carlos late más rápido. Su abuelo claramente pasó tiempo aquí, pero ¿qué estaba buscando? Mira alrededor de la fuente y nota algo extraño: una pequeña ranura en la piedra, como si fuera un escondite. Saca la llave que encontró en el Café Azul y, con cuidado, la introduce en la ranura. La llave encaja perfectamente.

Cuando gira la llave, una pequeña caja de metal se desliza desde el interior de la fuente. Carlos la toma con cuidado y se sienta en un banco cercano. La caja está cubierta de polvo, pero está intacta. La abre lentamente, y dentro encuentra varios objetos: una fotografía antigua, una carta sellada y un pequeño reloj de bolsillo.

Carlos toma la fotografía y ve a un hombre joven, claramente su abuelo, junto a una mujer que no reconoce. Ambos están sonrientes y de pie frente a una casa señorial. Al reverso de la foto hay una nota escrita a mano: „La casa guarda nuestras respuestas.“

Carlos siente que el misterio se profundiza. Mira la carta, pero decide no abrirla todavía. Sabe que debe encontrar la casa de la foto para entender todo lo que su abuelo quería revelarle.

Con la caja en la mano y una nueva pista, Carlos sale del jardín, decidido a seguir el rastro que Manuel ha dejado para él. Toledo parece lleno de secretos, y Carlos está listo para descubrirlos.

Kapitel 4: Der geheime Garten

Mit dem Schlüssel in der Hand und der neuen Notiz verlässt Carlos das Café Azul. Draußen scheint die Sonne auf die gepflasterten Straßen von Toledo, aber in seinem Kopf gibt es nur Fragen. „Die Antwort liegt im Garten." Welcher Garten? Wo ist er? Er denkt an die Orte, die er kennt, und an die Geschichten seines Großvaters, aber nichts gibt ihm einen klaren Hinweis.

Er beschließt, zu dem Stand der älteren Frau zurückzukehren, die ihm den Weg zum Café Azul gezeigt hatte. Dort angekommen, grüßt er sie: „Hallo noch einmal. Entschuldigen Sie, aber ich muss Ihnen noch eine Frage stellen. Kennen Sie einen wichtigen Garten hier in Toledo?", fragt Carlos mit besorgtem Ton.

Die Frau sieht ihn an und antwortet: „Einen Garten? Hmm … Es gibt viele Gärten in Toledo, aber vielleicht meinen Sie den Jardín de los Olivos. Er liegt in der Nähe eines alten Herrenhauses. Es ist ein sehr ruhiger Ort, den kaum jemand besucht."

„Vielen Dank, das hilft mir sehr", antwortet Carlos entschlossen, dieser neuen Spur zu folgen.

Er macht sich auf den Weg zum Jardín de los Olivos, der sich am Rand der Altstadt befindet. Während er läuft, kommen ihm immer wieder Gedanken über seinen Großvater. Warum hinterließ er diese Hinweise? Was wollte er, dass Carlos findet? Und vor allem: Warum gerade jetzt?

Als Carlos den Garten erreicht, ist er von der Schönheit des Ortes überrascht. Er ist klein, umgeben von Steinmauern, mit alten Bäumen und eisernen Bänken. Es gibt kaum Besucher, und die Stille ist fast absolut, nur unterbrochen vom Gesang der Vögel. Carlos sieht sich aufmerksam um, auf der Suche nach etwas Wichtigem.

In einer Ecke des Gartens sieht er einen alten, mit Moos bedeckten Brunnen. Er nähert sich und bemerkt, dass am Fuß des Brunnens eine verblasste Inschrift steht: „Für Manuel und seine ewige Suche."

Carlos' Herz schlägt schneller. Sein Großvater hat offensichtlich Zeit hier verbracht, aber wonach suchte er? Er schaut sich um den Brunnen um und bemerkt etwas Merkwürdiges: einen kleinen Schlitz im Stein, der wie ein Versteck aussieht. Carlos nimmt den Schlüssel, den er im Café Azul gefunden hat, und steckt ihn vorsichtig in den Schlitz. Der Schlüssel passt perfekt.

Als er den Schlüssel dreht, gleitet eine kleine Metallkiste aus dem Inneren des Brunnens hervor. Carlos nimmt sie vorsichtig und setzt sich auf eine nahegelegene Bank. Die Kiste ist staubbedeckt, aber unversehrt. Er öffnet sie langsam, und darin findet er mehrere Gegenstände: ein altes Foto, einen versiegelten Brief und eine kleine Taschenuhr.

Carlos nimmt das Foto und sieht einen jungen Mann, eindeutig seinen Großvater, neben einer Frau, die er nicht kennt. Beide lächeln und stehen vor einem Herrenhaus. Auf der Rückseite des Fotos steht eine handgeschriebene Notiz: „Das Haus birgt unsere Antworten."

Carlos spürt, dass das Geheimnis tiefer wird. Er betrachtet den Brief, entscheidet sich aber, ihn noch nicht zu öffnen. Er weiß, dass er das Haus auf dem Foto finden muss, um alles zu verstehen, was sein Großvater ihm enthüllen wollte.

Mit der Kiste in der Hand und einer neuen Spur verlässt Carlos den Garten, entschlossen, dem Weg zu folgen, den Manuel für ihn vorbereitet hat. Toledo scheint voller Geheimnisse zu sein, und Carlos ist bereit, sie zu entdecken.

Vokabelliste

la llave	der Schlüssel
la fuente	der Brunnen
el musgo	das Moos
deslizarse	gleiten
la caja metálica	die Metallkiste
el polvo	der Staub
el reloj de bolsillo	die Taschenuhr
la búsqueda	die Suche
eterno/a	ewig
la esquina	die Ecke
el muro de piedra	die Steinmauer
apenas	kaum
introducir	einführen
el canto	der Gesang
sellado/a	versiegelt
decidido/a	entschlossen

Capítulo 5: La casa olvidada

Carlos sale del Jardín de los Olivos con la fotografía en la mano. Mientras camina por las calles de Toledo, no puede dejar de mirar la imagen. El rostro joven de su abuelo Manuel le parece familiar, pero la mujer que está a su lado es un misterio. „La casa guarda nuestras respuestas", piensa Carlos, leyendo la nota en el reverso de la foto una y otra vez.

Decidido a encontrar la casa, Carlos observa los detalles de la fotografía. La fachada de piedra, las ventanas con marcos de madera y un balcón con rejas de hierro forjado parecen típicos de Toledo, pero el edificio tiene un aire especial, como si guardara secretos. Mientras camina, se da cuenta de que necesitará ayuda para identificarla.

Llega a una pequeña librería en una callejuela tranquila. En el escaparate ve libros sobre la historia y arquitectura de Toledo. Entra, esperando encontrar a alguien que pueda orientarlo. Detrás del mostrador hay un hombre mayor con gafas redondas, rodeado de libros antiguos. „Buenos días", dice Carlos, mostrando la foto. „Estoy buscando esta casa. ¿Sabe dónde podría estar?" El hombre examina la imagen con atención y dice: „Hmm… Esto parece ser una casa de la zona noble de Toledo. Muchas casas así están cerca de la Catedral, en el Barrio Judío. Puede que todavía exista, aunque algunas han sido renovadas o abandonadas."

„¿Podría indicarme cómo llegar allí?", pregunta Carlos. „Por supuesto", responde el hombre, dibujando un pequeño mapa en una hoja de papel. „Busque la Calle de los Suspiros. Allí hay varias casas con esta arquitectura."

Carlos agradece al librero y se dirige hacia la calle indicada. Mientras camina por las estrechas calles del Barrio Judío, observa las fachadas antiguas y los pequeños detalles en cada edificio. Finalmente llega a la Calle de los Suspiros y, tras recorrerla con calma, ve una casa que coincide con la fotografía.

El edificio parece haber estado deshabitado durante años. Las paredes de piedra están cubiertas de enredaderas, y las ventanas están rotas o selladas con tablas de madera. Carlos siente una mezcla de emoción y temor mientras se acerca a la puerta principal. Al examinarla, ve una cerradura oxidada, y saca la llave que encontró en el Jardín de los Olivos. Con cuidado, la introduce en la cerradura y la gira. Para su sorpresa, la llave encaja y la puerta se abre con un crujido.

El interior está oscuro y lleno de polvo. El olor a madera vieja y humedad invade sus sentidos. Carlos enciende la linterna de su teléfono y explora el lugar. Los muebles están cubiertos con sábanas blancas, y las paredes tienen marcas de pintura que se ha desvanecido con el tiempo.

En una esquina de lo que parece haber sido el salón principal, Carlos encuentra un pequeño escritorio. Encima hay una caja de madera cerrada con otra cerradura. Saca la llave de nuevo y la utiliza para abrirla. Dentro encuentra un diario antiguo con el nombre de su abuelo escrito en la portada: *Manuel García, 1953.*

Carlos abre el diario y comienza a leer las primeras páginas. Hablan de su juventud, de su amor por una mujer llamada Ana y de un secreto que nunca pudo revelar a su familia. Carlos siente que está comenzando a desentrañar la verdadera historia de su abuelo, pero todavía le faltan piezas del rompecabezas.

Con el diario en la mano, Carlos decide que necesita leerlo todo antes de continuar. Sale de la casa, cerrando cuidadosamente la puerta tras de sí, y busca un lugar tranquilo donde pueda sumergirse en las palabras de Manuel.

Kapitel 5: Das vergessene Haus

Carlos verlässt den Jardín de los Olivos mit der Fotografie in der Hand. Während er durch die Straßen von Toledo läuft, kann er nicht aufhören, das Bild anzusehen. Das junge Gesicht seines Großvaters Manuel kommt ihm vertraut vor, aber die Frau an seiner Seite bleibt ein Rätsel. „Das Haus birgt unsere Antworten", denkt Carlos und liest die Notiz auf der Rückseite des Fotos immer wieder.

Entschlossen, das Haus zu finden, betrachtet Carlos die Details auf der Fotografie genau. Die Steinfassade, die Fenster mit Holzrahmen und ein Balkon mit schmiedeeisernen Gittern wirken typisch für Toledo, doch das Gebäude hat etwas Besonderes, als würde es Geheimnisse bewahren. Während er weitergeht, merkt er, dass er Hilfe braucht, um es zu identifizieren.

Er erreicht eine kleine Buchhandlung in einer ruhigen Seitengasse. Im Schaufenster sieht er Bücher über die Geschichte und Architektur Toledos. Er tritt ein, in der Hoffnung, jemanden zu finden, der ihn leiten kann. Hinter dem Tresen steht ein älterer Mann mit runden Brillengläsern, umgeben von alten Büchern. „Guten Tag", sagt Carlos und zeigt das Foto. „Ich suche dieses Haus. Wissen Sie, wo es sein könnte?" Der Mann betrachtet das Bild aufmerksam und sagt: „Hmm… Das scheint ein Haus aus der vornehmen Gegend von Toledo zu sein. Viele solche Häuser liegen in der Nähe der Kathedrale, im jüdischen Viertel. Vielleicht existiert es noch, obwohl einige renoviert oder verlassen wurden."

„Könnten Sie mir sagen, wie ich dorthin komme?", fragt Carlos.

„Natürlich", antwortet der Mann, während er eine kleine Karte auf ein Blatt Papier zeichnet. „Suchen Sie die Calle de los Suspiros. Dort gibt es mehrere Häuser mit dieser Architektur."

Carlos bedankt sich beim Buchhändler und macht sich auf den Weg zur angegebenen Straße. Während er durch die engen Gassen des jüdischen Viertels läuft, betrachtet er die alten Fassaden und die kleinen Details an jedem Gebäude. Schließlich erreicht er die Calle de los Suspiros, und als er sie langsam entlanggeht, entdeckt er ein Haus, das mit der Fotografie übereinstimmt.

Das Gebäude scheint seit Jahren unbewohnt zu sein. Die Steinwände sind mit Efeu überwuchert, und die Fenster sind entweder zerbrochen oder mit Holzplanken vernagelt. Carlos fühlt eine Mischung aus Aufregung und Angst, als er sich der Haustür nähert. Bei genauer Betrachtung bemerkt er ein verrostetes Schloss und holt den Schlüssel hervor, den er im Jardín de los Olivos gefunden hat. Vorsichtig steckt er ihn ins Schloss und dreht ihn. Zu seiner Überraschung passt der Schlüssel, und die Tür öffnet sich mit einem Knarren.

Das Innere ist dunkel und voller Staub. Der Geruch von altem Holz und Feuchtigkeit schlägt ihm entgegen. Carlos schaltet die Taschenlampe seines Telefons ein und beginnt, den Ort zu erkunden. Die Möbel sind mit weißen Tüchern bedeckt, und die Wände zeigen Spuren von Farbe, die im Laufe der Zeit verblasst ist.

In einer Ecke des Raumes, der offenbar das Hauptwohnzimmer war, entdeckt Carlos einen kleinen Schreibtisch. Darauf steht eine Holzkiste, die mit einem weiteren Schloss verschlossen ist. Er nimmt erneut den Schlüssel und benutzt ihn, um die Kiste zu öffnen. Darin findet er ein altes Tagebuch mit dem Namen seines Großvaters auf dem Umschlag: *Manuel García, 1953.*

Carlos schlägt das Tagebuch auf und liest die ersten Seiten. Sie erzählen von seiner Jugend, von seiner Liebe zu einer Frau namens Ana und von einem Geheimnis, das er seiner Familie nie offenbaren konnte. Carlos spürt, dass er beginnt, die wahre Geschichte seines Großvaters zu entdecken, aber es fehlen ihm noch wichtige Teile des Puzzles.

Mit dem Tagebuch in der Hand beschließt Carlos, alles zu lesen, bevor er weitermacht. Er verlässt das Haus, schließt die Tür sorgfältig hinter sich, und sucht einen ruhigen Ort, an dem er sich in die Worte Manuels vertiefen kann.

Vokabelliste

la fachada	die Fassade
la reja	das Gitter
la callejuela	die Seitengasse
la librería	Buchhandlung
el escaparate	das Schaufenster
el Barrio Judío	das jüdische Viertel
deshabitado	unbewohnt
la cerradura	das Schloss
girar	drehen
la linterna	Taschenlampe
el escritorio	der Schreibtisch
la caja	die Kiste
el diario	das Tagebuch
desvanecido	verblasst
sellar	versiegeln
explorar	erkunden

Capítulo 6: El diario de Manuel

Carlos encuentra un banco tranquilo en una pequeña plaza rodeada de árboles. El canto de los pájaros y el suave sonido de una fuente cercana crean el ambiente perfecto para abrir el diario de su abuelo. Siente una mezcla de emoción y nervios mientras pasa la mano por la tapa envejecida del cuaderno. En la primera página está escrito con caligrafía firme: *Manuel García, 1953*.

Abre el diario y comienza a leer las primeras líneas. Las palabras lo transportan al pasado, a la vida de un joven Manuel en Toledo.

23 de abril de 1953: „Hoy he conocido a Ana. Es diferente a cualquier persona que haya conocido antes. Tiene una sonrisa que ilumina incluso los días más oscuros. Nos encontramos por casualidad en el Café Azul, cuando ambos buscamos refugio de la lluvia. Hablamos durante horas. Su risa es un sonido que quiero escuchar cada día."

Carlos sonríe al imaginar a su abuelo como un joven enamorado. Sigue leyendo, sintiéndose cada vez más conectado con él. El diario describe encuentros en secreto entre Manuel y Ana, paseos por los jardines de Toledo y conversaciones sobre sus sueños. Pero a medida que avanza, el tono de las entradas cambia.

15 de junio de 1953: „El padre de Ana nos ha descubierto. Está furioso. Dice que nuestra relación es imposible, que no puedo ofrecerle el futuro que ella merece. Ana está

asustada, y yo también. Pero no quiero perderla. Sé que el mundo es cruel, pero nuestra conexión es más fuerte que cualquier obstáculo."

Carlos siente un nudo en el estómago al leer las palabras de su abuelo. Parece que la relación entre Manuel y Ana enfrentó más problemas de los que él imaginaba. Sigue pasando las páginas, descubriendo fragmentos de una historia de amor marcada por la resistencia y el dolor.

10 de julio de 1953: „Ana me ha dicho que su familia la enviará a América. Dice que no tiene elección, que debe obedecer. La amo, pero no puedo retenerla aquí. Hoy hemos ido al Jardín de los Olivos por última vez. Le di mi reloj de bolsillo como recuerdo. Dijo que siempre me llevaría en su corazón."

Carlos detiene su lectura, sintiendo la tristeza de ese momento. Recuerda el reloj que encontró en la caja del jardín y comprende su significado. Era el último regalo de su abuelo para Ana.

Pasa a las últimas páginas del diario, donde encuentra una entrada que parece estar escrita con prisa.

20 de julio de 1953:„Dejo este diario en la casa donde Ana y yo soñábamos con un futuro juntos. Si algún día alguien lo encuentra, espero que entienda que, aunque no pudimos estar juntos, nuestro amor fue real. Ana, si lees esto algún día, quiero que sepas que siempre fuiste mi luz."

Carlos cierra el diario con cuidado, sintiendo el peso de las palabras de su abuelo. Entiende que Manuel nunca dejó de amar a Ana, incluso cuando la vida los separó. Se pregunta si Ana alguna vez regresó a Toledo o si leyó estas palabras.

Con el diario en sus manos, Carlos siente que ha descubierto una parte importante de la historia de su familia, pero también sabe que aún queda mucho por explorar. Debe decidir qué hará con esta información y cómo puede honrar la memoria de su abuelo y su amor perdido.

Kapitel 6: Manuels Tagebuch

Carlos findet eine ruhige Bank auf einem kleinen Platz, umgeben von Bäumen. Der Gesang der Vögel und das leise Plätschern eines nahegelegenen Brunnens schaffen die perfekte Atmosphäre, um das Tagebuch seines Großvaters zu öffnen. Mit einer Mischung aus Aufregung und Nervosität streicht er über den alten Einband des Notizbuchs. Auf der ersten Seite steht in klarer Handschrift: *Manuel García, 1953.*

Er öffnet das Tagebuch und beginnt, die ersten Zeilen zu lesen. Die Worte transportieren ihn in die Vergangenheit, in das Leben eines jungen Manuel in Toledo.

23. April 1953: „Heute habe ich Ana kennengelernt. Sie ist anders als alle Menschen, die ich je getroffen habe. Sie hat ein Lächeln, das selbst die dunkelsten Tage erhellt. Wir trafen uns zufällig im Café Azul, als wir beide vor dem Regen Schutz suchten. Wir haben stundenlang geredet. Ihr Lachen ist ein Klang, den ich jeden Tag hören möchte."

Carlos lächelt, als er sich seinen Großvater als jungen Verliebten vorstellt. Er liest weiter und fühlt sich zunehmend mit ihm verbunden. Das Tagebuch beschreibt geheime Treffen zwischen Manuel und Ana, Spaziergänge durch die Gärten von Toledo und Gespräche über ihre Träume. Doch je weiter er liest, desto mehr verändert sich der Ton der Einträge.

15. Juni 1953: „Anas Vater hat uns entdeckt. Er ist wütend. Er sagt, unsere Beziehung sei unmöglich, dass ich ihr nicht die Zukunft bieten kann, die sie verdient. Ana hat Angst, und ich auch. Aber ich will sie nicht verlieren. Ich weiß, die Welt ist grausam, aber unsere Verbindung ist stärker als jedes Hindernis."

Carlos spürt einen Knoten im Magen, als er die Worte seines Großvaters liest. Es scheint, dass die Beziehung zwischen Manuel und Ana mehr Probleme hatte, als er sich vorgestellt hatte. Er blättert weiter und entdeckt Fragmente einer Liebesgeschichte, die von Widerstand und Schmerz geprägt ist.

10. Juli 1953: „Ana hat mir gesagt, dass ihre Familie sie nach Amerika schicken wird. Sie sagt, sie hat keine Wahl, sie muss gehorchen. Ich liebe sie, aber ich kann sie nicht hier festhalten. Heute sind wir zum letzten Mal in den Jardín de los Olivos gegangen. Ich habe ihr meine Taschenuhr als Erinnerung geschenkt. Sie sagte, sie werde mich immer in ihrem Herzen tragen."

Carlos hält inne, überwältigt von der Traurigkeit dieses Moments. Er erinnert sich an die Taschenuhr, die er in der Kiste im Garten gefunden hat, und versteht nun ihre Bedeutung. Es war das letzte Geschenk seines Großvaters an Ana.

Er schlägt die letzten Seiten des Tagebuchs auf und findet einen Eintrag, der in Eile geschrieben zu sein scheint.

20. Juli 1953: „Ich lasse dieses Tagebuch in dem Haus zurück, wo Ana und ich von einer gemeinsamen Zukunft träumten. Falls es eines Tages jemand findet, hoffe ich, dass er versteht, dass unsere Liebe echt war, auch wenn wir nicht zusammen sein konnten. Ana, falls du dies eines Tages liest, möchte ich, dass du weißt: Du warst immer mein Licht."

Carlos schließt das Tagebuch vorsichtig und fühlt das Gewicht der Worte seines Großvaters. Er versteht, dass Manuel Ana nie aufgehört hat zu lieben, selbst als das Leben sie getrennt hat. Er fragt sich, ob Ana jemals nach Toledo zurückgekehrt ist oder ob sie diese Worte gelesen hat.

Mit dem Tagebuch in der Hand fühlt Carlos, dass er einen wichtigen Teil der Geschichte seiner Familie entdeckt hat, doch er weiß auch, dass noch vieles zu erforschen bleibt. Er muss entscheiden, was er mit diesen Informationen machen wird und wie er die Erinnerung an seinen Großvater und seine verlorene Liebe ehren kann.

Vokabelliste

la tapa	der Einband
la caligrafía	die Handschrift
la juventud	die Jugend
el encuentro	das Treffen
por casualidad	zufällig
los sueños	die Träume
el obstáculo	das Hindernis
la conexión	die Verbindung
el nudo en el estómago	der Knoten im Magen
la resistencia	der Widerstand
el dolor	der Schmerz
la despedida	der Abschied
el recuerdo	die Erinnerung
dejar atrás	zurücklassen
honrar	ehren

Capítulo 7: Una última pista

Después de leer el diario de Manuel, Carlos se siente abrumado por las emociones. A medida que repasa las palabras de su abuelo, se da cuenta de que no puede detenerse aquí. Sabe que tiene que buscar la casa donde Manuel dejó el diario y comprobar si allí podría haber algo más. Recuerda las palabras en la última página: *„Dejo este diario en la casa donde Ana y yo soñábamos con un futuro juntos. "*

Carlos decide regresar a la casa olvidada, donde encontró el diario. Esta vez, presta más atención a los detalles del lugar. Al entrar, vuelve a notar los muebles cubiertos por sábanas y las paredes desgastadas. Explora cada rincón, buscando algo que pudiera haber pasado por alto.

En una de las habitaciones encuentra un pequeño baúl de madera, escondido debajo de una mesa rota. Cuando lo abre, descubre un conjunto de cartas, todas dirigidas a Ana. Cada sobre está sellado, pero ninguna de las cartas parece haber sido enviada. Carlos se sienta en el suelo, sintiendo el peso de los años y el dolor de las palabras nunca dichas.

Una de las cartas, sin embargo, está abierta. Dentro, encuentra un mensaje que lo deja sin aliento: „Ana, si algún día regresas a Toledo, busca el Jardín Secreto. Allí te esperaré, siempre."

Carlos recuerda vagamente haber oído hablar de un Jardín Secreto en Toledo, un lugar escondido que pocos conocen.

Decide que esa será su próxima parada. Antes de salir de la casa, toma las cartas y las guarda con cuidado. Siente que está cumpliendo un legado que Manuel nunca pudo completar.

Carlos pregunta en varias tiendas y a las personas mayores del barrio, pero nadie parece saber con certeza dónde está el Jardín Secreto. Finalmente, un hombre mayor que vende flores en una pequeña plaza le dice: „El Jardín Secreto está al final de un callejón cerca del río. Es un lugar antiguo, casi olvidado. Muy pocos lo visitan ahora.“

Carlos agradece al hombre y sigue sus indicaciones. Después de cruzar calles estrechas y bajar una escalinata que lleva hacia el río, encuentra un arco cubierto de hiedra. Más allá del arco hay un pequeño jardín, rodeado de altos muros de piedra. Carlos siente que ha encontrado el lugar.

En el centro del jardín hay un banco de piedra junto a una fuente seca. A medida que se acerca, ve algo que llama su atención: un pequeño medallón colgado de una rama baja de un árbol. Lo toma y lo abre con cuidado. Dentro hay una foto antigua de Manuel y Ana, la misma mujer de la fotografía que encontró antes. Junto al medallón hay una nota, escrita en una caligrafía que reconoce como la de su abuelo: „Este lugar siempre será nuestro refugio. Ana, si estás leyendo esto, nunca olvides cuánto te amé.“

Carlos siente un nudo en la garganta. Aunque no sabe si Ana regresó alguna vez al Jardín Secreto, comprende que este lugar representaba la esperanza y el amor eterno de su abuelo. Decide que su próxima misión será descubrir qué ocurrió con Ana y si esta historia tuvo algún final que su abuelo nunca conoció.

Con el medallón en la mano, Carlos sale del Jardín Secreto, sabiendo que está más cerca de completar el rompecabezas. Aún quedan piezas por unir, pero ahora tiene un nuevo propósito.

Kapitel 7: Eine letzte Spur

Nach dem Lesen von Manuels Tagebuch fühlt sich Carlos von seinen Emotionen überwältigt. Während er die Worte seines Großvaters noch einmal durchgeht, wird ihm klar, dass er hier nicht aufhören kann. Er weiß, dass er das Haus, in dem Manuel das Tagebuch hinterlassen hat, noch einmal genauer untersuchen muss, um herauszufinden, ob es dort noch etwas gibt. Er erinnert sich an die Worte auf der letzten Seite: *„Ich lasse dieses Tagebuch in dem Haus zurück, wo Ana und ich von einer gemeinsamen Zukunft träumten."*

Carlos beschließt, in das vergessene Haus zurückzukehren, wo er das Tagebuch gefunden hat. Dieses Mal achtet er auf jedes Detail. Beim Eintreten sieht er erneut die mit Tüchern bedeckten Möbel und die verblassten Wände. Er durchsucht jeden Winkel und sucht nach etwas, das er übersehen haben könnte.

In einem der Räume entdeckt er eine kleine Holzkiste, die unter einem kaputten Tisch versteckt ist. Als er sie öffnet, findet er einen Stapel Briefe, alle adressiert an Ana. Jeder Umschlag ist versiegelt, aber keiner der Briefe scheint jemals abgeschickt worden zu sein. Carlos setzt sich auf den Boden, spürt die Last der Jahre und den Schmerz der unausgesprochenen Worte.

Einer der Briefe ist jedoch geöffnet. Darin findet er eine Nachricht, die ihn den Atem anhalten lässt: „Ana, falls du eines Tages nach Toledo zurückkehrst, suche den Geheimen Garten. Dort werde ich immer auf dich warten."

Carlos erinnert sich vage daran, von einem Geheimen Garten in Toledo gehört zu haben – ein versteckter Ort, den nur wenige kennen. Er beschließt, dass dies sein nächstes Ziel sein wird. Bevor er das Haus verlässt, nimmt er die Briefe und bewahrt sie sorgfältig auf. Er hat das Gefühl, ein Vermächtnis zu erfüllen, das Manuel nie zu Ende bringen konnte.

Carlos fragt in mehreren Geschäften und bei älteren Bewohnern des Viertels nach, doch niemand scheint genau zu wissen, wo der Geheime Garten liegt. Schließlich trifft er auf einen alten Mann, der Blumen auf einem kleinen Platz verkauft. Der Mann sagt: „Der Geheime Garten ist am Ende einer Gasse in der Nähe des Flusses. Es ist ein alter, fast vergessener Ort. Nur wenige gehen heute noch dorthin."

Carlos bedankt sich bei dem Mann und folgt seinen Anweisungen. Nachdem er durch enge Straßen gegangen und eine Treppe hinuntergestiegen ist, die zum Fluss führt, findet er einen mit Efeu überwucherten Bogen. Dahinter liegt ein kleiner Garten, umgeben von hohen Steinmauern. Carlos spürt, dass er den richtigen Ort gefunden hat.

In der Mitte des Gartens steht eine Steinbank neben einem ausgetrockneten Brunnen. Als er näher kommt, sieht er etwas, das seine Aufmerksamkeit erregt: ein kleiner Medaillonanhänger, der an einem niedrigen Ast eines Baumes hängt. Er nimmt ihn und öffnet ihn vorsichtig. Darin befindet sich ein altes Foto von Manuel und Ana, der gleichen Frau, die er bereits auf einem anderen Bild gesehen hatte. Neben dem Medaillon hängt ein Zettel, geschrieben in der Handschrift seines Großvaters:

„Dieser Ort wird immer unser Zufluchtsort sein. Ana, falls du dies liest, vergiss niemals, wie sehr ich dich geliebt habe."

Carlos spürt einen Kloß im Hals. Obwohl er nicht weiß, ob Ana jemals in den Geheimen Garten zurückgekehrt ist, versteht er, dass dieser Ort die Hoffnung und die ewige Liebe seines Großvaters symbolisierte. Er beschließt, dass seine nächste Mission darin bestehen wird, herauszufinden, was aus Ana geworden ist und ob diese Geschichte ein Ende hatte, das Manuel nie erfahren konnte.

Mit dem Medaillon in der Hand verlässt Carlos den Geheimen Garten, im Bewusstsein, dass er dem Ziel näher ist, das Puzzle zu lösen. Es fehlen noch einige Teile, aber jetzt hat er eine neue Aufgabe.

Vokabelliste

el baúl	die Truhe
el sobre	der Umschlag
sellado/a	versiegelt
la carta	der Brief
el legado	das Vermächtnis
el callejón	die Gasse
la escalinata	die Treppe
el arco	der Bogen
la hiedra	der Efeu
el muro	die Mauer
la fuente seca	der ausgetrocknete Brunnen
el refugio	der Zufluchtsort
colgar	hängen
la rama	der Ast
el propósito	die Aufgabe, der Zweck

Capítulo 8: La verdad sobre Ana

Carlos abandona el Jardín Secreto con el medallón en la mano y la imagen de Manuel y Ana en su mente. Decide que su siguiente paso debe ser descubrir qué pasó con Ana después de que dejó Toledo. ¿Llegó realmente a América? ¿Tuvo la oportunidad de regresar? Estas preguntas le queman por dentro mientras camina de regreso al centro de la ciudad.

En una pequeña biblioteca local, Carlos busca registros históricos y documentos sobre los habitantes de Toledo en los años 50. Pregunta al bibliotecario, un hombre amable que parece intrigado por su búsqueda. „Busco información sobre una mujer llamada Ana. Probablemente vivió aquí en 1953 y puede que su familia la haya enviado a América", explica Carlos mientras muestra la fotografía del medallón.

El bibliotecario revisa algunos libros y archivos locales. Finalmente, encuentra un registro de la familia de Ana. „Aquí está", dice, señalando una página. „Parece que la familia de Ana era influyente en Toledo en esa época. Hay una nota que menciona que se trasladaron a Estados Unidos en julio de 1953."

Carlos siente un escalofrío. La fecha coincide con las entradas del diario de Manuel. Sigue leyendo el registro y encuentra un detalle importante: una dirección en Nueva York donde la familia de Ana residió al llegar a América.

Carlos, determinado a descubrir la verdad, organiza un viaje a Nueva York. Con el diario de Manuel, las cartas y el medallón en su maleta, siente que está a punto de cerrar el círculo. Al llegar a la ciudad, sigue la dirección que encontró en los registros de Toledo.

La dirección lo lleva a una casa antigua en un tranquilo barrio residencial. Llama a la puerta, y una mujer mayor, con cabello blanco y ojos amables, lo abre. „Buenas tardes", dice Carlos, un poco nervioso. „Disculpe que la moleste, pero estoy buscando a alguien llamado Ana. Mi abuelo, Manuel García, la conoció en Toledo en 1953."

La mujer lo mira. „Manuel García de Toledo", dice ella, llevándose una mano al corazón. „Tu eres su nieto."

Carlos asiente. La mujer sonríe, invitándolo a pasar. „Soy Ana", dice con una voz temblorosa pero llena de calidez.

Sentados en el salón de Ana, los dos comparten sus historias. Ana le cuenta que su familia la obligó a abandonar Toledo y que nunca tuvo la oportunidad de despedirse de Manuel como hubiera querido. Aunque se casó en América y tuvo una familia, nunca olvidó su tiempo en Toledo ni el amor que compartió con Manuel.

Carlos le da el diario, las cartas y el medallón. Ana los toma con manos temblorosas y lágrimas en los ojos. „Siempre lo llevé en mi corazón, incluso cuando la vida nos separó", dice, mientras acaricia el medallón.

Ana le cuenta sobre los momentos felices que compartieron y le agradece por haber hecho este viaje.

Antes de irse, Ana entrega a Carlos una fotografía que había guardado durante años: es una imagen de ella y Manuel juntos en el Jardín Secreto.

„Este lugar siempre será nuestro refugio", dice Ana con una sonrisa nostálgica.

Carlos se despide con el corazón lleno de emociones. Ahora comprende que esta búsqueda no solo fue para descubrir la historia de su abuelo, sino también para cerrar un capítulo importante en la vida de Ana.

Kapitel 8: Die Wahrheit über Ana

Carlos verlässt den Geheimen Garten mit dem Medaillon in der Hand und dem Bild von Manuel und Ana in seinem Kopf. Er beschließt, dass sein nächster Schritt darin bestehen muss, herauszufinden, was mit Ana nach ihrer Abreise aus Toledo geschah. Kam sie wirklich nach Amerika? Hatte sie die Gelegenheit, zurückzukehren? Diese Fragen brennen in ihm, während er zum Stadtzentrum zurückgeht.

In einer kleinen örtlichen Bibliothek sucht Carlos in historischen Aufzeichnungen und Dokumenten nach Informationen über die Bewohner Toledos in den 1950er Jahren. Er spricht mit dem Bibliothekar, einem freundlichen Mann, der von seiner Suche fasziniert zu sein scheint.

„Ich suche Informationen über eine Frau namens Ana. Sie hat wahrscheinlich 1953 hier gelebt, und ihre Familie könnte sie nach Amerika geschickt haben", erklärt Carlos und zeigt das Foto aus dem Medaillon.

Der Bibliothekar durchsucht einige Bücher und lokale Archive. Schließlich findet er einen Eintrag über Anas Familie.

„Hier ist es", sagt er und zeigt auf eine Seite. „Es scheint, dass Anas Familie in jener Zeit in Toledo einflussreich war. Es gibt eine Notiz, die erwähnt, dass sie im Juli 1953 in die Vereinigten Staaten gezogen sind."

Carlos spürt einen Schauer. Das Datum stimmt mit den Einträgen in Manuels Tagebuch überein. Er liest weiter und findet einen wichtigen Hinweis: eine Adresse in New York, an der die Familie nach ihrer Ankunft in Amerika wohnte.

Entschlossen, die Wahrheit zu erfahren, organisiert Carlos eine Reise nach New York. Mit Manuels Tagebuch, den Briefen und dem Medaillon in seinem Gepäck hat er das Gefühl, kurz vor der Auflösung des Rätsels zu stehen. Nach seiner Ankunft folgt er der Adresse, die er in den Aufzeichnungen aus Toledo gefunden hat.

Die Adresse führt ihn zu einem alten Haus in einer ruhigen Wohngegend. Er klingelt, und eine ältere Frau mit weißem Haar und freundlichen Augen öffnet die Tür. „Guten Tag", sagt Carlos, ein wenig nervös. „Entschuldigen Sie die Störung, aber ich suche nach einer Frau namens Ana. Mein Großvater, Manuel García, hat sie 1953 in Toledo kennengelernt."

Die Frau sieht ihn an. „Manuel García aus Toledo", sagt sie, während sie sich eine Hand aufs Herz legt. „Und du bist sein Enkel."

Carlos nickt. Die Frau lächelt und lädt ihn ein hereinzukommen. „Ich bin Ana", sagt sie mit zitternder, aber warmer Stimme.

Im Wohnzimmer von Ana erzählen sich die beiden ihre Geschichten. Ana berichtet, dass ihre Familie sie gezwungen habe, Toledo zu verlassen, und dass sie nie die Möglichkeit hatte, sich von Manuel so zu verabschieden, wie sie es sich gewünscht hätte. Obwohl sie in Amerika geheiratet und eine Familie gegründet hatte, habe sie nie die Zeit in Toledo und die Liebe, die sie mit Manuel teilte, vergessen.

Carlos gibt ihr das Tagebuch, die Briefe und das Medaillon. Ana nimmt sie mit zitternden Händen und Tränen in den Augen entgegen. „Er war immer in meinem Herzen, auch wenn das Leben uns getrennt hat", sagt sie, während sie das Medaillon streichelt.

Sie erzählt ihm von den glücklichen Momenten, die sie geteilt haben, und dankt ihm, dass er diese Reise gemacht hat.

Bevor Carlos geht, gibt Ana ihm ein Foto, das sie über die Jahre aufbewahrt hat: Es zeigt sie und Manuel zusammen im Geheimen Garten. „Dieser Ort wird immer unser Zufluchtsort bleiben", sagt Ana mit einem nostalgischen Lächeln.

Carlos verabschiedet sich mit einem Herzen voller Emotionen. Jetzt versteht er, dass diese Suche nicht nur dazu diente, die Geschichte seines Großvaters zu entdecken, sondern auch, um ein wichtiges Kapitel in Anas Leben zu schließen.

Vokabelliste

el registro	das Register
trasladarse	umziehen
la búsqueda	die Suche
la residencia	der Wohnsitz
sorprenderse	überrascht sein
cálido/a	warm, herzlich
el salón	das Wohnzimmer
obligar	zwingen
despedirse	sich verabschieden
el reencuentro	das Wiedersehen
acariciar	streicheln
agradecer	danken
la fotografía	das Foto
el refugio	der Zufluchtsort
cumplir un deseo	einen Wunsch erfüllen

Capítulo 9: Compartir la historia

Después del emotivo encuentro con Ana en Nueva York, Carlos regresa a Madrid. Lleva consigo el diario de Manuel, las cartas, el medallón y la fotografía del Jardín Secreto. Pero lo más importante es que ahora lleva consigo una historia que durante décadas permaneció oculta. Sabe que su misión aún no ha terminado: debe compartir esta historia con su familia.

En una tarde de domingo, Carlos organiza una reunión familiar en la casa de su madre. A la mesa se sientan su madre, su hermana y algunos de sus primos. Todos están intrigados, ya que Carlos no suele convocar este tipo de encuentros. Cuando todos están presentes, Carlos coloca el diario y los otros objetos sobre la mesa.

„Gracias por venir", comienza Carlos con voz seria pero emocionada. „Hace unas semanas encontré algo que cambió mi forma de entender nuestra familia. Es la historia de nuestro abuelo Manuel, una historia de amor que él nunca pudo contar."

Los miembros de su familia escuchan con atención mientras Carlos relata cada detalle de su viaje: el sobre misterioso, las pistas en Toledo, el Jardín Secreto, y finalmente su encuentro con Ana en Nueva York. A medida que avanza, les lee fragmentos del diario de Manuel, en los que describe su amor por Ana y los obstáculos que enfrentaron.

„Nunca pensé que nuestro abuelo pudiera ser tan romántico", dice su hermana con una sonrisa nostálgica, mientras acaricia la fotografía del Jardín Secreto.

„Siempre lo recordé como un hombre tranquilo, pero ahora entiendo que tenía una vida llena de emociones y sueños", agrega su madre, con lágrimas en los ojos.

Carlos explica cómo Ana mantuvo el recuerdo de Manuel vivo durante todos esos años, a pesar de la distancia y el tiempo. Les muestra el medallón que encontró en el Jardín Secreto y la fotografía que Ana le dio. La familia se conmueve al darse cuenta de que este amor trascendió las barreras del espacio y el tiempo.

„Creo que esta historia nos pertenece a todos", dice Carlos. „Es parte de quiénes somos, y quiero que la recordemos como una prueba de que el amor verdadero nunca desaparece, incluso cuando las circunstancias son difíciles."

En ese momento, su madre propone algo especial: „Deberíamos visitar juntos el Jardín Secreto en Toledo. Es un lugar que era importante para Manuel, y creo que sería hermoso honrar su memoria allí."

Todos están de acuerdo, emocionados por la idea de rendir homenaje al abuelo de una manera tan significativa. Deciden que el próximo fin de semana harán un viaje familiar a Toledo para visitar los lugares que fueron testigos de esta historia de amor.

Carlos siente que, al compartir esta historia, no solo ha honrado la memoria de Manuel, sino que también ha fortalecido los lazos familiares. Mientras prepara el viaje, organiza cuidadosamente los objetos que ha recolectado: el diario, las cartas y el medallón. Quiere asegurarse de que estos recuerdos se conserven para futuras generaciones.

Con cada paso que da, siente que Manuel estaría orgulloso de lo que ha logrado. Ahora que la historia ha salido a la luz, Carlos sabe que ha cumplido su propósito: dar vida a un capítulo olvidado de su familia y recordarle a todos que el amor, incluso cuando parece perdido, siempre deja una huella.

Kapitel 9: Die Geschichte teilen

Nach dem emotionalen Treffen mit Ana in New York kehrt Carlos nach Madrid zurück. Er bringt das Tagebuch von Manuel, die Briefe, das Medaillon und das Foto aus dem Geheimen Garten mit. Aber das Wichtigste ist, dass er jetzt eine Geschichte mit sich trägt, die jahrzehntelang verborgen geblieben war. Er weiß, dass seine Mission noch nicht beendet ist: Er muss diese Geschichte mit seiner Familie teilen.

An einem Sonntagnachmittag organisiert Carlos ein Familientreffen im Haus seiner Mutter. Um den Tisch sitzen seine Mutter, seine Schwester und einige seiner Cousins. Alle sind neugierig, denn Carlos veranstaltet normalerweise keine solchen Treffen. Als alle versammelt sind, legt Carlos das Tagebuch und die anderen Gegenstände auf den Tisch.

„Danke, dass ihr gekommen seid", beginnt Carlos mit ernster, aber bewegter Stimme. „Vor einigen Wochen habe ich etwas entdeckt, das meine Sicht auf unsere Familie verändert hat. Es ist die Geschichte unseres Großvaters Manuel, eine Liebesgeschichte, die er nie erzählen konnte."

Die Familienmitglieder hören aufmerksam zu, während Carlos jedes Detail seiner Reise erzählt: den mysteriösen Umschlag, die Hinweise in Toledo, den Geheimen Garten und schließlich sein Treffen mit Ana in New York.

Während er spricht, liest er ihnen Auszüge aus Manuels Tagebuch vor, in denen Manuel seine Liebe zu Ana und die Hindernisse, die sie überwinden mussten, beschreibt.

„Ich hätte nie gedacht, dass unser Großvater so romantisch war", sagt seine Schwester mit einem nostalgischen Lächeln, während sie das Foto aus dem Geheimen Garten betrachtet.

„Ich habe ihn immer als einen ruhigen Mann in Erinnerung, aber jetzt verstehe ich, dass er ein Leben voller Emotionen und Träume hatte", fügt seine Mutter hinzu, während ihr Tränen über die Wangen laufen.

Carlos erklärt, wie Ana die Erinnerung an Manuel all die Jahre am Leben gehalten hat, trotz der Distanz und der Zeit. Er zeigt ihnen das Medaillon, das er im Geheimen Garten gefunden hat, und das Foto, das Ana ihm gegeben hat. Die Familie ist tief bewegt, als sie erkennen, dass diese Liebe die Grenzen von Raum und Zeit überschritten hat.

„Ich denke, diese Geschichte gehört uns allen", sagt Carlos. „Sie ist ein Teil dessen, wer wir sind, und ich möchte, dass wir sie als Beweis dafür erinnern, dass wahre Liebe niemals verschwindet, auch wenn die Umstände schwierig sind."

In diesem Moment schlägt seine Mutter etwas Besonderes vor: „Wir sollten zusammen den Geheimen Garten in Toledo besuchen. Es ist ein Ort, der Manuel wichtig war, und ich glaube, es wäre schön, seine Erinnerung dort zu ehren."

Alle stimmen begeistert zu, bewegt von der Idee, das Andenken an ihren Großvater auf so bedeutungsvolle Weise zu würdigen. Sie beschließen, am nächsten Wochenende eine Familienreise nach Toledo zu unternehmen, um die Orte zu besuchen, die Zeugen dieser Liebesgeschichte waren.

Carlos spürt, dass er durch das Teilen dieser Geschichte nicht nur das Andenken an Manuel geehrt, sondern auch die familiären Bande gestärkt hat. Während er die Reise vorbereitet, sortiert er sorgfältig die Gegenstände, die er gesammelt hat: das Tagebuch, die Briefe und das Medaillon. Er möchte sicherstellen, dass diese Erinnerungen für zukünftige Generationen bewahrt werden.

Mit jedem Schritt hat Carlos das Gefühl, dass Manuel stolz auf ihn wäre. Jetzt, da die Geschichte ans Licht gekommen ist, weiß Carlos, dass er seine Aufgabe erfüllt hat: ein vergessenes Kapitel der Familie wieder zum Leben zu erwecken und allen zu zeigen, dass Liebe, selbst wenn sie verloren scheint, immer Spuren hinterlässt.

Vokabelliste

la reunión	das Treffen
la memoria	die Erinnerung
convocar	einberufen
el legado	das Vermächtnis
relatar	erzählen
el extracto	der Auszug
tranquilo/a	ruhig
las lágrimas	die Tränen
la huella	die Spur
significativo/a	bedeutungsvoll
rendir homenaje	Ehre erweisen
organizar	organisieren
conservar	bewahren
fortalecer	stärken
estar orgulloso/a	stolz sein
los lazos familiares	die familiären Bande

Capítulo 10: El viaje al pasado

El fin de semana llega y la familia de Carlos se reúne temprano en la mañana para viajar juntos a Toledo. En el coche, el ambiente es de expectación y emoción. Todos quieren ver los lugares que fueron testigos de la historia de amor de Manuel y Ana. Carlos lleva consigo el diario, las cartas, el medallón y la fotografía, que se han convertido en símbolos de un legado familiar que ahora comparten.

Al llegar a Toledo, recorren las mismas calles empedradas que Carlos caminó durante su búsqueda. Les muestra el Café Azul, donde Manuel y Ana solían encontrarse, y les cuenta las historias que leyó en el diario. La familia se detiene a tomar café y mirar las fotografías en blanco y negro que cuelgan en las paredes, imaginando cómo debió haber sido la ciudad en los años 50.

El momento más esperado llega cuando finalmente entran al Jardín Secreto. El lugar sigue siendo tranquilo y lleno de una belleza nostálgica. Los altos muros de piedra, las viejas ramas de los árboles y la fuente seca parecen guardar los ecos de un pasado que ahora la familia siente más vivo que nunca.

Carlos se acerca al banco de piedra donde encontró el medallón y coloca cuidadosamente el diario y las cartas sobre él.

„Este lugar era importante para el abuelo. Aquí soñó con un futuro lleno de amor. Creo que le gustaría saber que estamos aquí juntos, recordándolo", dice Carlos con la voz cargada de emoción.

Su madre se sienta en el banco y, sosteniendo el medallón, cierra los ojos como si pudiera sentir la presencia de Manuel. Su hermana lee en voz alta una de las cartas de Manuel a Ana, y la familia escucha en silencio, conmovida por la sinceridad y profundidad de sus palabras.

Antes de dejar el Jardín Secreto, deciden plantar una pequeña planta junto a la fuente seca como símbolo de que la memoria de Manuel y Ana seguirá viva en ellos. Carlos coloca una placa sencilla con la inscripción:

„A Manuel y Ana: su amor trasciende el tiempo."

La familia deja el Jardín con corazones llenos de gratitud y una conexión más profunda entre ellos. El viaje no solo les permitió entender mejor a su abuelo, sino también valorar los lazos que los unen.

En el camino de regreso, Carlos siente una paz que no había experimentado en mucho tiempo. Sabe que al completar esta búsqueda no solo honró a Manuel, sino que también trajo a su familia más cerca de su historia. Decide digitalizar el diario y las cartas para preservarlos para futuras generaciones, asegurándose de que la historia de Manuel y Ana nunca se pierda.

Meses después, Carlos está en su oficina trabajando en un nuevo proyecto cuando recibe un paquete. Al abrirlo, encuentra una carta de Ana desde Nueva York. Dentro, hay una copia de una antigua fotografía de Manuel y Ana, tomada en el Jardín Secreto. En la carta, Ana escribe:

„Gracias por traerme de vuelta a Toledo a través de tus palabras y tu viaje. Manuel siempre vivirá en nuestros recuerdos. Espero que esta foto encuentre un lugar especial en tu familia, como lo tuvo en mi corazón."

Carlos enmarca la fotografía y la coloca en la sala de su casa, donde todos los miembros de la familia puedan verla. Cada vez que alguien pregunta por la foto, Carlos les cuenta la increíble historia de amor, recordándoles que, aunque el tiempo pase, algunas emociones son eternas.

Fin

Kapitel 10: Die Reise in die Vergangenheit

Das Wochenende kommt, und Carlos' Familie trifft sich früh am Morgen, um gemeinsam nach Toledo zu fahren. Im Auto herrscht eine Atmosphäre der Erwartung und Aufregung. Alle wollen die Orte sehen, die Zeugen der Liebesgeschichte von Manuel und Ana waren. Carlos hat das Tagebuch, die Briefe, das Medaillon und das Foto dabei, die nun Symbole eines Familienerbes geworden sind, das sie alle teilen.

Bei ihrer Ankunft in Toledo gehen sie die gleichen gepflasterten Straßen entlang, die Carlos während seiner Suche erkundet hatte. Er zeigt ihnen das Café Azul, wo Manuel und Ana sich trafen, und erzählt die Geschichten, die er im Tagebuch gelesen hat. Die Familie macht eine Pause, um Kaffee zu trinken und die schwarz-weißen Fotos an den Wänden zu betrachten. Sie stellen sich vor, wie die Stadt in den 1950er Jahren ausgesehen haben könnte.

Der am meisten erwartete Moment kommt, als sie schließlich den Geheimen Garten betreten. Der Ort ist immer noch ruhig und voller nostalgischer Schönheit. Die hohen Steinmauern, die alten Äste der Bäume und der ausgetrocknete Brunnen scheinen die Echos einer Vergangenheit zu bewahren, die die Familie nun lebendiger denn je empfindet.

Carlos geht zur Steinbank, wo er das Medaillon gefunden hatte, und legt vorsichtig das Tagebuch und die Briefe darauf.

„Dieser Ort war dem Großvater wichtig. Hier träumte er von einer Zukunft voller Liebe. Ich glaube, er hätte es schön gefunden zu wissen, dass wir hier zusammen sind und uns an ihn erinnern", sagt Carlos mit bewegter Stimme.

Seine Mutter setzt sich auf die Bank und hält das Medaillon, während sie die Augen schließt, als könnte sie Manuels Gegenwart spüren. Seine Schwester liest laut einen der Briefe von Manuel an Ana vor, und die Familie hört schweigend zu, tief berührt von der Ehrlichkeit und Tiefe seiner Worte.

Bevor sie den Geheimen Garten verlassen, beschließen sie, eine kleine Pflanze neben der ausgetrockneten Quelle zu pflanzen – als Symbol dafür, dass Manuels und Anas Erinnerung in ihnen weiterleben wird. Carlos befestigt eine einfache Plakette mit der Inschrift:

„Für Manuel und Ana: Ihre Liebe überdauert die Zeit."

Die Familie verlässt den Garten mit dankbaren Herzen und einem tieferen Gefühl der Verbundenheit. Die Reise hat ihnen nicht nur geholfen, ihren Großvater besser zu verstehen, sondern auch die familiären Bande zu schätzen, die sie vereinen.

Auf der Rückfahrt verspürt Carlos eine Ruhe, wie er sie schon lange nicht mehr empfunden hat. Er weiß, dass er mit der Vollendung dieser Suche nicht nur Manuel geehrt hat, sondern auch seine Familie näher an ihre Geschichte herangeführt hat. Er beschließt, das Tagebuch und die Briefe zu digitalisieren, damit sie für zukünftige Generationen bewahrt bleiben und die Geschichte von Manuel und Ana niemals verloren geht.

Monate später arbeitet Carlos in seinem Büro an einem neuen Projekt, als er ein Paket erhält. Als er es öffnet, findet er einen Brief von Ana aus New York. Darin ist eine Kopie eines alten Fotos von Manuel und Ana, aufgenommen im Geheimen Garten. In dem Brief schreibt Ana: „Danke, dass du mich durch deine Worte und deine Reise zurück nach Toledo gebracht hast. Manuel wird immer in unseren Erinnerungen leben. Ich hoffe, dass dieses Foto einen besonderen Platz in deiner Familie findet, so wie es in meinem Herzen hatte."

Carlos rahmt das Foto ein und stellt es in das Wohnzimmer seines Hauses, wo alle Familienmitglieder es sehen können. Jedes Mal, wenn jemand nach dem Foto fragt, erzählt Carlos die unglaubliche Liebesgeschichte und erinnert sie daran, dass manche Gefühle, auch wenn die Zeit vergeht, ewig bestehen bleiben.

Ende

Vokabelliste

el medallón	das Medaillon
el Jardín Secreto	der Geheime Garten
la fuente seca	der ausgetrocknete Brunnen
la placa	die Plakette
el símbolo	das Symbol
el homenaje	die Ehrung
el reencuentro	das Wiedersehen
plantar	pflanzen
preservar	bewahren
digitalizar	digitalisieren
la conexión	die Verbindung
agradecer	danken
eterno/a	ewig
la tranquilidad	die Ruhe
el vínculo	die Verbindung

Epílogo: El misterio del sobre

Queda un misterio cómo el sobre con el mapa y la primera pista llegó al buzón de Carlos. Algunos enigmas del pasado nunca se pueden explicar del todo. Tal vez fue el espíritu del amor el que hizo posible este viaje, o quizás fue el propio espíritu de Manuel quien se aseguró de que su historia algún día fuera contada.

Pero al final, no importa quién dejó el sobre. Lo importante es que Carlos ahora conoce el pasado de su abuelo y ha descubierto un legado que no solo honra a Manuel y a Ana, sino que también ha unido más a la familia.

Algunos misterios existen

para hacer una historia inolvidable.

Epilog: Das Geheimnis des Umschlags

Es bleibt ein Geheimnis, wie der Umschlag mit der Karte und der ersten Botschaft in Carlos' Briefkasten gelangte. Manche Rätsel der Vergangenheit lassen sich nie vollständig erklären. Vielleicht war es der Geist der Liebe, der diese Reise möglich machte, oder vielleicht war es sogar Manuels eigener Geist, der dafür sorgte, dass seine Geschichte eines Tages erzählt wird.

Aber am Ende spielt es keine Rolle, wer den Umschlag dort abgelegt hat. Die Hauptsache ist, dass Carlos nun die Vergangenheit seines Großvaters kennt und ein Vermächtnis entdeckt hat, das nicht nur Manuel und Ana ehrt, sondern auch die Familie enger zusammengebracht hat.

Einige Geheimnisse gehören vielleicht dazu,

um eine Geschichte unvergesslich zu machen.

Vokabelliste

el misterio	das Geheimnis
el sobre	der Umschlag
el mapa	die Karte
la pista	der Hinweis
el buzón	der Briefkasten
el enigma	das Rätsel
explicar	erklären
el espíritu	der Geist
el amor	die Liebe
posible	möglich
el viaje	die Reise
el legado	das Vermächtnis
honrar	ehren
unir	vereinen
inolvidable	unvergesslich
descubrir	entdecken
contar una historia	eine Geschichte erzählen
existir	existieren
el pasado	die Vergangenheit

¡Gracias por leer este libro!

Me alegra mucho que estés aprendiendo español y espero que hayas disfrutado de la historia.

¡Prepárate para el próximo capítulo lleno de emoción y aprendizaje!

Vielen Dank, dass du dieses Buch gelesen hast!

Es freut mich sehr, dass du Spanisch lernst, und ich hoffe, du hattest Spaß an der Geschichte.

Freu dich auf die nächste spannende Folge voller Abenteuer und Lernfreude!